JEANNE D'ARC

PAR

M. BOUTET DE MONVEL

JEANNE D'ARC

PAR

M. BOUTET DE MONVEL

PLON-NOURRIT & Cie, IMPRIMEURS-ÉDITEURS, 8, RUE GARANCIÈRE, PARIS

GRAVURE DE DUCOURTIOUX ET HUILLARD.

AVANT-PROPOS

Le 22 octobre 1422, Charles VI était mort, léguant, par le traité de Troyes, son royaume avec la main de sa fille à Henri V, roi d'Angleterre.

Depuis un siècle que la guerre dévastait notre pays, jamais notre indépendance n'avait été aussi menacée.

Maîtres de la Guyenne, unis d'un côté au duc de Bourgogne, de l'autre soutenus par le duc de Bretagne, les Anglais tenaient le nord et le centre de la France, jusqu'à la Loire. Orléans, assiégé, opposait un dernier obstacle à leur marche vers le sud; mais la ville sans secours allait succomber.

Le Dauphin Charles VII s'était réfugié à Bourges : triste roi, sans armée, sans argent, sans énergie. Quelques courtisans se disputaient encore les dernières faveurs de cette monarchie qui sombrait, mais aucun d'eux n'était capable de la défendre, et, à travers les campagnes affamées, les débris de l'armée royale, bandes de routiers de toutes provenances, réduites et démoralisées par leurs récentes défaites de Cravant et de Verneuil, reculaient incapables d'un nouvel effort.

Tout manquait, les hommes, les ressources, la volonté même de résister. Charles VII, désespérant de sa cause, songeait à fuir en Dauphiné, peut-être même au delà des monts, en Castille, abandonnant son royaume, ses droits et ses devoirs.

Après la folie de Charles VI, l'indolence du Dauphin, l'égoïsme et l'incapacité de la noblesse, avaient achevé la ruine du pays, notre race même allait perdre sa nationalité.

Alors, sur les confins de la Lorraine, dans un village perdu, une petite paysanne se leva. Émue de pitié par les misères du pauvre peuple de France, elle avait senti au fond de son cœur le premier tressaillement de la patrie. De sa faible main, elle ramassa la grande épée de la France vaincue, et, de sa frêle poitrine faisant un rempart à tant de détresses, elle puisa dans l'énergie de sa foi la force de relever les courages éperdus et d'arracher notre pays à l'Anglais victorieux.

« Je viens de la part de mon Seigneur Dieu, disait-elle, pour sauver le royaume de France. » Et elle ajoutait : « C'est pour cela que je suis née. » C'est pour cela, en effet, qu'elle était née, la sainte fille; c'est aussi pour cela que, livrée lâchement à ses ennemis, elle mourut dans l'horreur du plus cruel supplice, abandonnée du Roi qu'elle avait couronné et du peuple qu'elle avait sauvé.

Ouvrez, mes chers enfants, ce livre avec dévotion en souvenir de cette humble paysanne qui est la patronne de la France, qui est la sainte de la patrie comme elle en a été la martyre. Son histoire vous dira que pour vaincre, il faut avoir la foi dans la victoire. Souvenez-vous-en, le jour où le pays aura besoin de tout votre courage.

B. M.

Avril 1896.

Jeanne naquit, le 16 janvier 1412, à Domremy, petit village de Lorraine, dépendant du bailliage de Chaumont, qui relevait de la couronne de France. Son père s'appelait Jacques d'Arc, sa mère Isabellette Romée ; c'étaient d'honnêtes gens, de simples laboureurs vivant de leur travail.

Jeanne fut élevée avec ses frères et sa sœur dans une petite maison qu'on peut encore voir à Domremy, si proche de l'église que son jardin touche au cimetière.

L'enfant grandit là sous l'œil de Dieu.

Elle était douce, simple et droite. Tous l'aimaient, car on la savait charitable et la fille la meilleure de son village. Courageuse au travail, elle aidait les siens dans leurs besognes, le jour conduisant les bêtes au pâturage, ou prenant part aux rudes travaux de son père, le soir filant auprès de sa mère et la secondant dans les soins du ménage.

Elle aimait Dieu et le priait souvent.

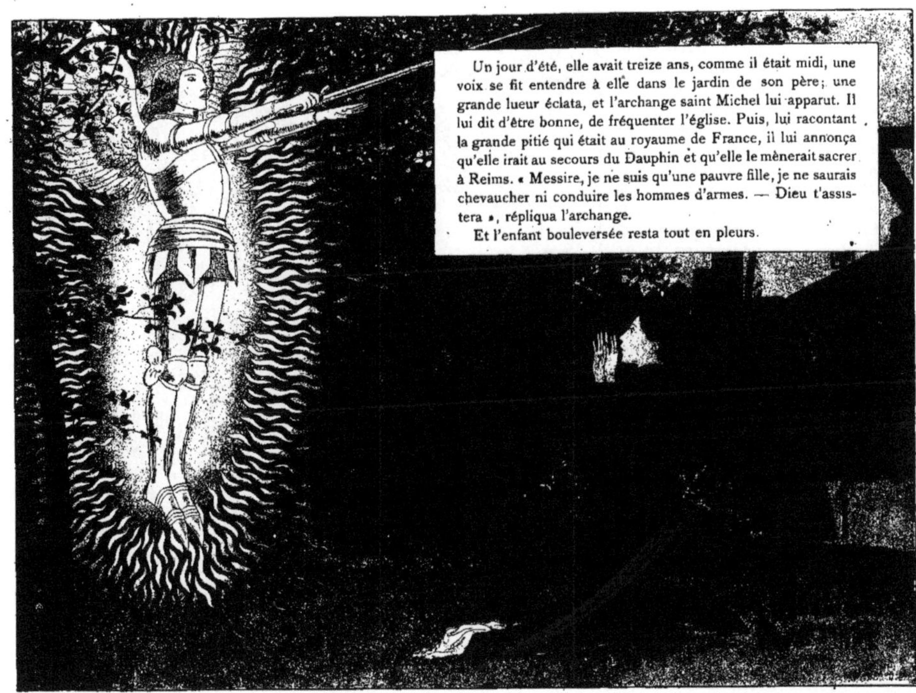
Un jour d'été, elle avait treize ans, comme il était midi, une voix se fit entendre à elle dans le jardin de son père; une grande lueur éclata, et l'archange saint Michel lui apparut. Il lui dit d'être bonne, de fréquenter l'église. Puis, lui racontant la grande pitié qui était au royaume de France, il lui annonça qu'elle irait au secours du Dauphin et qu'elle le mènerait sacrer à Reims. « Messire, je ne suis qu'une pauvre fille, je ne saurais chevaucher ni conduire les hommes d'armes. — Dieu t'assistera », répliqua l'archange.
Et l'enfant bouleversée resta tout en pleurs.

A partir de ce jour, la piété de Jeanne devint plus ardente encore; volontiers l'enfant s'écartait de ses compagnes pour se recueillir, et des voix célestes se faisaient entendre à elle, lui parlant de sa mission. C'étaient, disait-elle, les voix de ses Saintes. Souvent ces voix étaient accompagnées de visions; sainte Catherine et sainte Marguerite lui apparaissaient. « Je les ai vues des yeux de mon corps, a-t-elle raconté plus tard à ses juges, et lorsqu'elles me quittaient je pleurais; j'aurais voulu qu'elles me prissent avec elles. »

L'enfant grandissait, l'esprit exalté par ses visions et gardant au plus profond de son cœur le secret de ses entretiens célestes. Nul ne se doutait de ce qui se passait en elle, pas même le prêtre qui l'entendait en confession.

Au commencement de l'année 1428, Jeanne avait dix-huit ans, les voix devinrent plus pressantes. « Le péril était grand, il fallait que Jeanne partît pour secourir le Roi et sauver le royaume. »

Ses Saintes lui ordonnèrent d'aller trouver le sire de Baudricourt, seigneur de Vaucouleurs, et de lui demander une escorte qui la conduirait auprès du Dauphin.

N'osant faire part de son projet à ses parents, Jeanne alla à Burey trouver son oncle Laxart et le supplia de la mener à Vaucouleurs. L'ardeur de sa prière ébranla la timidité du paysan craintif; il promit de l'accompagner.

L'accueil de Baudricourt fut brutal. Jeanne lui dit « qu'elle venait de la part de Dieu, afin qu'il mandât au Dauphin de se bien tenir, parce que le Seigneur lui donnerait secours avant le milieu du Carême »; elle ajoutait « que Dieu voulait que le Dauphin devînt roi; qu'il le serait en dépit de ses ennemis, et qu'elle-même le conduirait au sacre ». « Cette fille est folle, dit Baudricourt; qu'on la ramène chez son père avec une bonne paire de soufflets. »

Jeanne revint à Domremy. Mais pressée de nouveau par ses voix, elle retourna à Vaucouleurs et revit le sire de Baudricourt sans obtenir un meilleur accueil.

Mais cette fois elle resta à Vaucouleurs.

Bientôt il ne fut bruit dans le pays que de cette jeune fille, qui allait disant hautement qu'elle sauverait le royaume, qu'il fallait qu'on la conduisît près du Dauphin, que Dieu le voulait. « J'irai, disait-elle, dussé-je user mes jambes jusqu'aux genoux. »

Le peuple, de cœur simple, ému par sa foi, croyait en elle. Un écuyer, Jean de Metz, gagné par la confiance de la foule, s'offrit pour la conduire à Chinon, où se trouvait Charles VII. Les pauvres gens, unissant leurs misères, se cotisèrent pour habiller et armer la petite paysanne. Ils lui achetèrent un cheval, et, au jour fixé, elle partit avec sa faible escorte.

« Allez, et advienne que pourra! » lui jeta Baudricourt.

« Dieu vous garde! » criaient les pauvres gens, et les femmes pleuraient en la voyant s'éloigner.

Chinon était loin et le voyage périlleux. Les partisans anglais et bourguignons tenaient le pays, et la petite troupe était obligée de passer par certains ponts que l'ennemi occupait. Il fallait marcher la nuit et se cacher pendant le jour. Les compagnons de Jeanne, effrayés, parlaient de retourner à Vaucouleurs.

« Ne craignez rien, leur disait-elle, Dieu me fait ma route, mes frères du paradis me disent ce que j'ai à faire. »

Le douzième jour, en effet, Jeanne arriva à Chinon avec ses compagnons. Du hameau de Sainte-Catherine, elle avait adressé une lettre au Roi lui annonçant sa venue.

La cour de Charles VII était loin d'être unanime sur l'accueil qui devait lui être fait. La Trémouille, le favori du jour, jaloux de l'ascendant qu'il avait pris sur l'indolence de son maître, était décidé à écarter toute influence capable de l'arracher à sa torpeur. Pendant deux jours, le conseil discuta si le Roi recevrait la jeune inspirée.

A ce moment, des nouvelles arrivèrent d'Orléans si inquiétantes que les partisans de Jeanne obtinrent qu'on n'écartât pas cette chance suprême de salut. Le soir, à la lumière de cinquante torches, dans la grande salle du château, où se pressaient tous les seigneurs de la cour, Jeanne fut introduite. Elle n'avait jamais vu le Roi. Charles VII, pour ne pas attirer son attention, portait un costume moins luxueux que ceux de ses courtisans. Du prèmier regard elle le distingua entre tous, et s'agenouillant devant lui : « Dieu vous donne bonne vie, gentil Dauphin! » dit-elle « Je ne suis pas le Roi, lui répondit celui-ci, voilà le Roi. » Et il lui désignait un seigneur.

« Vous l'êtes, gentil prince, et non un autre; le Roi des cieux vous mande par moi que vous serez sacré et couronné. » Et abordant l'objet de sa mission, elle lui dit que Dieu l'envoyait pour lui aider et secourir; elle demandait qu'il lui baillât des gens, promettant de faire lever le siège d'Orléans et de le mener à Reims.

Le Roi restait hésitant. Cette fille pouvait être sorcière. Il l'envoya à Poitiers pour la soumettre à l'examen de docteurs et d'ecclésiastiques.

Pendant trois semaines on la tortura de questions insidieuses. « Il y a plus au livre de Dieu que dans les vôtres, répondait-elle ; je ne sais ni A ni B, mais je viens de la part du Roi des cieux. » Comme on lui objectait que Dieu, pour délivrer la France, n'avait pas besoin de gens d'armes, elle se dressa d'un élan : « Les hommes d'armes batailleront, Dieu donnera la victoire. » Là comme à Vaucouleurs, le peuple se déclarait en sa faveur, il la tenait pour sainte et inspirée. Les docteurs et les puissants durent céder devant l'enthousiasme de la foule.

Les troupes se réunirent à Blois. Jeanne y arriva suivie du duc d'Alençon, du maréchal de Boussac, du sire de Rais, de La Hire et de Xaintrailles.

Sur sa bannière elle avait fait broder l'image de Dieu et les noms de *Jesus, Maria*. Elle conseillait à ses soldats de mettre ordre à leur conscience et de se confesser avant de s'en aller battre. Le jeudi 28 avril, la petite armée s'ébranla. Jeanne ouvrait la marche, sa bannière au vent, au chant du *Veni, Creator*. Elle voulait marcher droit sur Orléans; les chefs crurent plus prudent de passer par la rive gauche de la Loire.

L'armée et le convoi arrivèrent devant Chécy, à deux lieues au-dessus d'Orléans.

Il s'agissait de passer la Loire; les bateaux manquaient. On transporta sur l'autre rive Jeanne avec une partie de son escorte et le convoi de vivres. Le reste des troupes dut retourner à Blois, pour revenir à Orléans par la Beauce.

Jeanne avait dit à Dunois, qui était venu au-devant d'elle : « Je vous amène le meilleur secours, le secours du Roi des cieux ; il ne vient pas de moi, mais de Dieu même, qui, à la requête de saint Louis et de Charlemagne, a eu pitié de la ville d'Orléans. »

A huit heures du soir Jeanne entra dans Orléans. Le peuple se jeta au-devant d'elle. A la lueur des torches elle traversa la ville au milieu d'une foule si compacte qu'elle avait peine à se frayer passage. Tous, hommes, femmes, enfants, voulaient l'approcher ou au moins toucher son cheval, manifestant « si grande joie que s'ils eussent vu Dieu descendre parmi eux ». « Ils se sentaient, dit le journal du siège, réconfortés et comme désassiégés par la vertu divine de cette simple fille. » Jeanne leur parlait doucement, promettant de les délivrer.

Elle demanda qu'on la conduisît à une église, voulant avant toutes choses rendre grâces à Dieu.

Comme un vieillard disait à Jeanne, en parlant des Anglais : « Ma fille, ils sont forts et bien fortifiés, et ce sera une grande chose à les mettre hors », elle répondit : « Il n'est rien d'impossible à la puissance de Dieu. »

Et, de fait, sa confiance gagnait tout le monde autour d'elle. Les Orléanais, si craintifs et si découragés la veille, fanatisés maintenant par sa présence, voulaient se jeter sur l'ennemi et enlever ses bastilles. Dunois, dans la crainte d'un échec, décida qu'on attendrait l'arrivée de l'armée de secours pour commencer l'attaque. En attendant, Jeanne fit sommation aux Anglais de se retirer et de retourner en leur pays. Ils répondirent par des injures.

Cependant on ne recevait aucune nouvelle de Blois. Dunois, inquiet, partit pour hâter l'arrivée des secours. Il était temps. L'archevêque de Reims, Regnault de Chartres, chancelier du Roi, revenant sur les décisions prises, allait renvoyer les troupes dans leurs garnisons. Dunois obtint de les conduire à Orléans.

Le mercredi 4 mai, dans la matinée, Jeanne, entourée de tout le clergé de la ville et suivie d'une grande partie de la population, sortit d'Orléans; à travers les bastilles anglaises, elle s'avança en grande procession au-devant de la petite armée de Dunois, qui passa sous la protection des prêtres et d'une fille, sans que les Anglais osassent l'attaquer.

Le même jour, comme Jeanne se reposait, elle se réveilla en sursaut. « Ah! mon Dieu, s'écria-t-elle, le sang de nos gens coule par terre!... C'est mal fait! Pourquoi ne m'a-t-on pas éveillée? Vite, mes armes, mon cheval! » Aidée des femmes de la maison, elle s'arma rapidement et, sautant en selle, elle partit au galop, son étendard en main, courant droit vers la porte de Bourgogne, si vite que les étincelles jaillissaient du pavé.

En effet, sans la prévenir, on avait attaqué la bastille de Saint-Loup. L'attaque avait échoué; les Français reculaient en désordre. Jeanne accourant les rallia, et, les ramenant à l'ennemi, elle recommença l'assaut. En vain Talbot essaya de porter secours aux siens. Jeanne, debout au pied des remparts, encourageait ses gens. Pendant trois heures les Anglais résistèrent. Malgré leur défense désespérée, la bastille fut prise.

Jeanne victorieuse rentra dans Orléans. Mais comme, dans la joie de son succès, elle revenait vers la ville, en traversant le champ de bataille, elle sentit son pauvre cœur se fondre de pitié à la vue des blessés et des tués, et elle se prit à pleurer en pensant « qu'ils étaient morts sans confession ». Et elle disait « qu'elle n'avait jamais vu couler le sang de France que ses cheveux ne se dressassent sur sa tête ».

Cependant, il s'agissait de décider comment allait être poursuivie contre les Anglais cette attaque si heureusement commencée.

Les chefs, peu soucieux de se laisser conduire par une fille des champs ou de partager avec elle la gloire du succès, se réunirent en secret pour discuter le plan à adopter.

Jeanne se présenta au conseil ; et comme le chancelier du duc d'Orléans cherchait à lui dissimuler les décisions qui avaient été arrêtées : « Dites ce que vous avez conclu et appointé, s'écria-t-elle, indignée de ces subterfuges ; je cèlerais bien plus grande chose ! » Et elle ajouta : « Vous avez été à votre conseil et moi j'ai été au mien, et croyez que le conseil de Dieu s'accomplira et tiendra ferme, et que le vôtre périra. Levez-vous demain de grand matin, car j'aurai beaucoup à faire, plus que je n'ai jamais eu. »

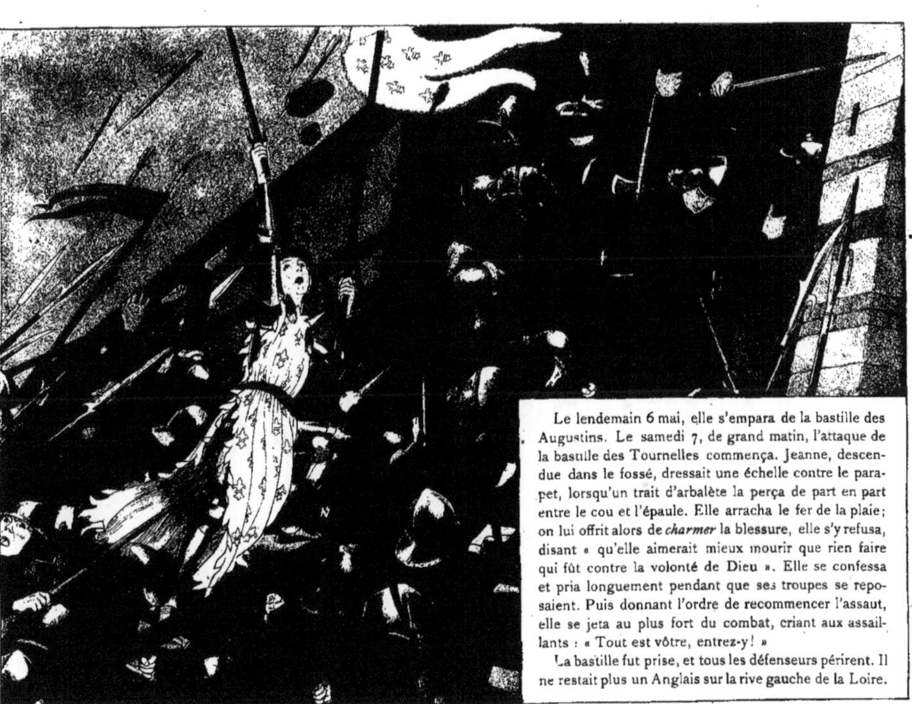

Le lendemain 6 mai, elle s'empara de la bastille des Augustins. Le samedi 7, de grand matin, l'attaque de la bastille des Tournelles commença. Jeanne, descendue dans le fossé, dressait une échelle contre le parapet, lorsqu'un trait d'arbalète la perça de part en part entre le cou et l'épaule. Elle arracha le fer de la plaie; on lui offrit alors de *charmer* la blessure, elle s'y refusa, disant « qu'elle aimerait mieux mourir que rien faire qui fût contre la volonté de Dieu ». Elle se confessa et pria longuement pendant que ses troupes se reposaient. Puis donnant l'ordre de recommencer l'assaut, elle se jeta au plus fort du combat, criant aux assaillants : « Tout est vôtre, entrez-y! »

La bastille fut prise, et tous les défenseurs périrent. Il ne restait plus un Anglais sur la rive gauche de la Loire.

Le dimanche, les Anglais se rangèrent en bataille sur la rive droite de la Loire. Jeanne défendit de les attaquer. Elle fit dresser un autel, et la messe fut célébrée en présence de l'armée réunie. La cérémonie terminée, elle dit à ceux qui l'entouraient : « Regardez si les Anglais ont le visage tourné vers nous ou le dos! » Et comme on lui répondait qu'ils se retiraient dans la direction de Meung : « En nom Dieu, s'ils s'en vont, laissez-les aller; il ne plaît pas à messire Dieu qu'on les combatte aujourd'hui, vous les aurez une autre fois. »

Orléans, assiégé depuis huit mois, avait été délivré en quatre jours.

La nouvelle de la délivrance d'Orléans se répandit au loin, attestant aux yeux de tous la divinité de la mission de Jeanne.

La sainte fille, se dérobant à la reconnaissance des Orléanais, retourna précipitamment à Chinon. Elle voulait, profitant de l'enthousiasme soulevé autour d'elle, partir de suite pour Reims, entraînant le Roi afin de le faire sacrer. Le Roi l'accueillit avec de grands honneurs, mais refusa de la suivre. Il acceptait le dévouement de cette fille héroïque, mais il entendait que ses efforts généreux ne troublassent en rien la lâche inertie de sa royale existence.

Il fut décidé que Jeanne irait attaquer les places que les Anglais tenaient encore sur les bords de la Loire.

Le 11 juin, les Français occupèrent les faubourgs de Jargeau. Le lendemain, à la première heure, Jeanne donna le signal du combat. Le duc d'Alençon voulait retarder l'assaut : « Avant, gentil duc, à l'assaut ! Ne doutez point, c'est l'heure quand il plaît à Dieu ; travaillez, et Dieu travaillera. » Elle-même monta à l'échelle ; elle fut renversée par une pierre qui la frappa à la tête. Mais elle se releva, criant à ses gens : « Amis, sus ! sus ! Notre sire a condamné les Anglais ; ils sont nôtres à cette heure ; ayez bon courage ! » Les remparts furent escaladés. Les Anglais, poursuivis jusque sur le pont de la ville, furent pris ou tués. Suffolk fut fait prisonnier. Le 15, les Français se rendirent maîtres du pont de Meung ; le 16, ils mirent le siège devant Beaugency ; le 17, la ville capitula.

Le 18 juin, Jeanne atteignit, près de Patay, l'armée anglaise conduite par Talbot et Falstaff.

« En nom Dieu il faut les combattre, dit-elle ; quand ils seraient pendus aux nues, nous les aurons, parce que Dieu nous les envoie pour que nous les châtiions. Notre gentil Roi aura aujourd'hui la plus grande victoire qu'il eut. » Elle voulait se porter à l'avant-garde, on la retint, et La Hire fut chargé d'attaquer les Anglais pour les obliger à faire volte-face, afin de donner aux troupes françaises le temps d'arriver. Mais l'attaque de La Hire fut si impétueuse que tout céda devant lui. Lorsque Jeanne accourut avec ses hommes d'armes, les Anglais se retiraient en désordre. Leur retraite devint une fuite. Talbot fut pris.

« Vous ne pensiez pas ce matin que cela vous arriverait », lui dit le duc d'Alençon. « C'est la fortune de la guerre », répondit Talbot.

Les Anglais perdirent quatre mille morts. On leur fit deux cents prisonniers. On ne gardait à merci que ceux qui pouvaient payer une rançon ; les autres étaient tués sans pitié.

L'un d'eux fut frappé si brutalement devant Jeanne qu'elle s'élança de son cheval pour le secourir. Elle souleva la tête du pauvre homme, lui fit venir un prêtre, le consola, l'aida à mourir.

Son cœur était aussi pitoyable pour les blessés anglais que pour ceux de son parti.

Au reste, elle bravait les coups, fut souvent blessée, mais ne voulut jamais se servir de son épée ; son étendard était sa seule arme.

Les gens de guerre, Anglais et Bourguignons, qui tenaient garnison à Troyes obtinrent de quitter la ville avec tout ce qu'ils possédaient. Ce qu'ils possédaient, c'étaient surtout des prisonniers, des Français. En dressant la capitulation, on n'avait rien stipulé en faveur de ces malheureux. Mais lorsque les Anglais sortirent de la ville avec leurs prisonniers garrottés, Jeanne se jeta en travers de la route. « En nom Dieu, vous ne les emmènerez pas ! » s'écria-t-elle. Elle exigea que les prisonniers lui fussent remis, et que leur rançon fût payée par le Roi.

Le 16 juillet, le Roi fit son entrée dans la ville de Reims à la tête de ses troupes. Le lendemain, la cérémonie du sacre eut lieu dans la cathédrale, au milieu d'un grand concours de seigneurs et de peuple. Jeanne se tenait derrière le Roi, son étendard à la main ; « son étendard avait été à la peine, il était juste qu'il fût à l'honneur ». Lorsque Charles VII

eut reçu de l'archevêque, Regnault de Chartres, l'onction sacrée et la couronne, Jeanne se jeta à ses pieds, lui embrassant les genoux et pleurant à chaudes larmes. « O gentil Sire, dit-elle, maintenant est accompli le plaisir de Dieu qui voulait que je vous amenasse en votre cité de Reims recevoir votre saint Sacre, montrant que vous êtes vrai roi, et qu'à vous doit appartenir le royaume de France! » — « Tous ceux qui la virent en ce moment, dit la vieille chronique, crurent mieux que jamais que c'estait chose venue de la part de Dieu. »

« O le bon et dévot peuple, s'écriait la sainte fille en voyant l'enthousiasme de la foule autour du Roi, si je dois mourir, je serais bien heureuse que l'on m'enterrât ici! »

Rien n'était touchant comme l'empressement du peuple autour de Jeanne. C'était à qui baiserait ses mains ou ses vêtements, à qui la toucherait. On lui présentait les petits enfants pour qu'elle les bénît, les chapelets, les images saintes pour qu'elle les sanctifiât en les effleurant de la main. Et l'humble fille repoussait avec grâce ces marques d'adoration, plaisantant doucement les pauvres gens sur leur crédulité en son pouvoir. Mais elle demandait quel jour et à quelle heure communiaient les enfants des pauvres, afin d'aller communier avec eux. Sa pitié était pour tous ceux qui souffraient, mais sa tendresse était toute pour les petits et les humbles. Elle se sentait leur sœur, sachant qu'elle était née d'un d'entre eux. Lorsque plus tard on lui reprochera d'avoir toléré cette adoration de la foule, elle répondra simplement : « Beaucoup de gens me voyaient volontiers, et ils me baisaient les mains le moins que je pouvais; mais les pauvres gens venaient volontiers à moi parce que je ne leur faisais point de déplaisir. »

Après le sacre de Reims, Jeanne voulait se porter vivement sur Paris et reprendre la capitale du royaume. L'indécision du Roi laissa aux Anglais le temps de faire leurs préparatifs de défense. L'assaut fut repoussé; Jeanne fut blessée d'un trait à la cuisse. On dut l'emmener de vive force du pied des remparts pour l'obliger à interrompre le combat. Le lendemain, le Roi s'opposa à ce que l'attaque fût recommencée; Jeanne, pourtant, répondait du succès. Depuis assez longtemps on le traînait par les routes; il était impatient de reprendre sa vie indolente dans ses châteaux de Touraine.

Cette retraite imposée par la lâcheté de Charles VII et par la jalousie des courtisans était une atteinte terrible portée au prestige de Jeanne. Désormais, aux yeux de tous, elle cessait d'être invincible. La sainte fille semble l'avoir compris, car, avant de s'éloigner de Paris, elle alla déposer en offrande, sur l'autel de saint Denis, ses armes jusque-là victorieuses. Elle pria longuement. Peut-être eut-elle en ce moment le pressentiment que sa glorieuse mission était terminée, et que de douloureuses épreuves se préparaient pour elle. Néanmoins, elle se soumit et, la mort dans l'âme, suivit le Roi à Gien. L'armée fut licenciée. Les gens de cour trouvaient qu'on avait assez guerroyé. Il importait, du reste, à leur jalousie de mettre un terme aux succès de Jeanne.

Mais Jeanne ne pouvait se résigner à l'inaction qu'on voulait lui imposer. Abandonnée sans secours pendant le siège de La Charité, elle comprit qu'elle n'avait désormais aucune aide à espérer de Charles VII. A la fin de mars (1430), sans prendre congé du Roi, elle partit pour aller rejoindre, à Lagny, les partisans français qui escarmouchaient contre les Anglais.

Or, pendant la semaine de Pâques, comme elle venait d'entendre la messe et de communier en l'église Saint-Jacques de Compiègne, elle se retira contre un pilier de l'église et se prit à pleurer. Des gens de la ville et des enfants l'entourant, elle leur dit : « Mes enfants et chers amis, je vous signifie que l'on m'a vendue et trahie, et que bientôt je serai livrée à la mort. Je vous supplie que vous priiez pour moi, car jamais je n'aurai plus puissance de faire service au Roi et au royaume de France.

Le 23 mai, comme elle se trouvait à Crespy, elle apprit que la ville de Compiègne était serrée de près par les Anglais et les Bourguignons. Elle s'y porta avec quatre cents combattants et entra dans la ville le 24, à la pointe du jour. Puis, prenant avec elle une partie de la garnison, elle attaqua les Bourguignons. Mais les Anglais vinrent l'assaillir. Les Français reculèrent. « Ne pensez qu'à férir sur eux, criait Jeanne, il ne tient qu'à vous qu'ils soient déconfits! » Mais Jeanne fut entraînée par la retraite des siens. Ramenés sous les remparts de Compiègne, les Français trouvèrent le pont levé et la herse baissée. Cependant, Jeanne, acculée aux fossés, se défendait toujours. Une troupe s'était jetée sur

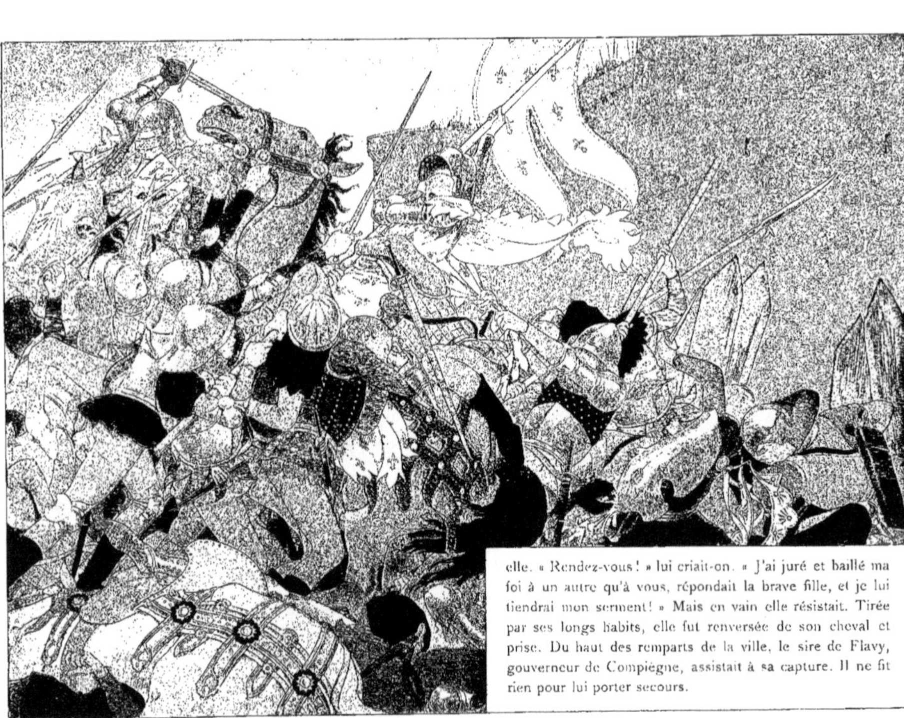

elle. « Rendez-vous ! » lui criait-on. « J'ai juré et baillé ma foi à un autre qu'à vous, répondait la brave fille, et je lui tiendrai mon serment ! » Mais en vain elle résistait. Tirée par ses longs habits, elle fut renversée de son cheval et prise. Du haut des remparts de la ville, le sire de Flavy, gouverneur de Compiègne, assistait à sa capture. Il ne fit rien pour lui porter secours.

Jeanne fut conduite à Margny au milieu des cris de joie de ses ennemis. Les chefs anglais et bourguignons, le duc de Bourgogne lui-même accoururent pour voir la sorcière. Ils se trouvèrent en face d'une fille de dix-huit ans. Jeanne était la prisonnière de Jean de Luxembourg, gentilhomme sans fortune, qui ne demandait qu'à tirer bon profit de sa prise. Le roi de France ne fit aucune offre pour racheter la captive.

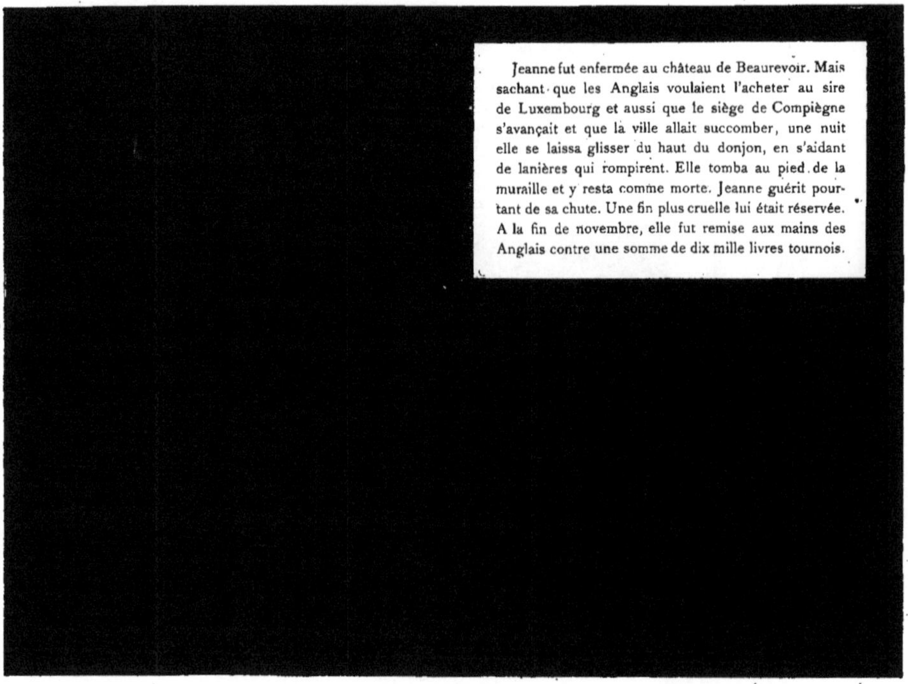

Jeanne fut enfermée au château de Beaurevoir. Mais sachant que les Anglais voulaient l'acheter au sire de Luxembourg et aussi que le siège de Compiègne s'avançait et que la ville allait succomber, une nuit elle se laissa glisser du haut du donjon, en s'aidant de lanières qui rompirent. Elle tomba au pied de la muraille et y resta comme morte. Jeanne guérit pourtant de sa chute. Une fin plus cruelle lui était réservée. A la fin de novembre, elle fut remise aux mains des Anglais contre une somme de dix mille livres tournois.

Enfermée dans la prison du château de Rouen, elle était gardée jour et nuit par des soldats, dont elle devait subir les injures et même les brutalités, ses chaînes ne lui permettant pas de se défendre. Pendant ce temps un tribunal, à la dévotion du parti anglais et présidé par Cauchon, évêque de Beauvais, instruisait son procès. Aux questions insidieuses de ses juges, la pauvre et sainte fille, sans appui et sans conseil, ne pouvait opposer que la droiture et la simplicité de son cœur, que la pureté de ses intentions. « Je viens de par Dieu, disait-elle ; je n'ai que faire ici ; renvoyez-moi à Dieu dont je suis venue. »

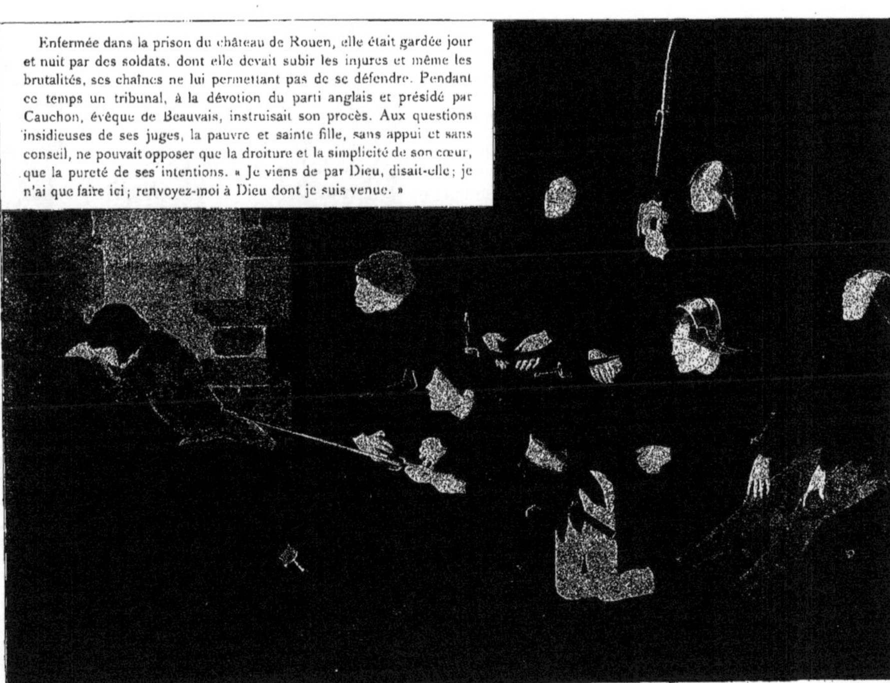

Cependant il lui restait un secours, celui de ses saintes. Elles seules ne l'avaient pas abandonnée. Jeanne recevait toujours conseil de ses voix célestes; sainte Marguerite et sainte Catherine lui apparaissaient dans le silence de la nuit, la réconfortaient par de bonnes paroles. Et comme l'évêque Cauchon demandait à Jeanne ce qu'elles lui disaient : « Elles m'ont éveillée, répondait-elle, j'ai joint les mains et je les ai priées de me donner conseil; elles m'ont dit : « Demande à Notre-Sei- « gneur. » — « Et qu'ont-elles dit encore? » — « Que je vous réponde hardiment. » Et comme l'évêque la pressait de questions : « Je ne puis tout dire; j'ai plutôt peur de dire chose qui leur déplaise, que je n'ai de répondre à vous. »

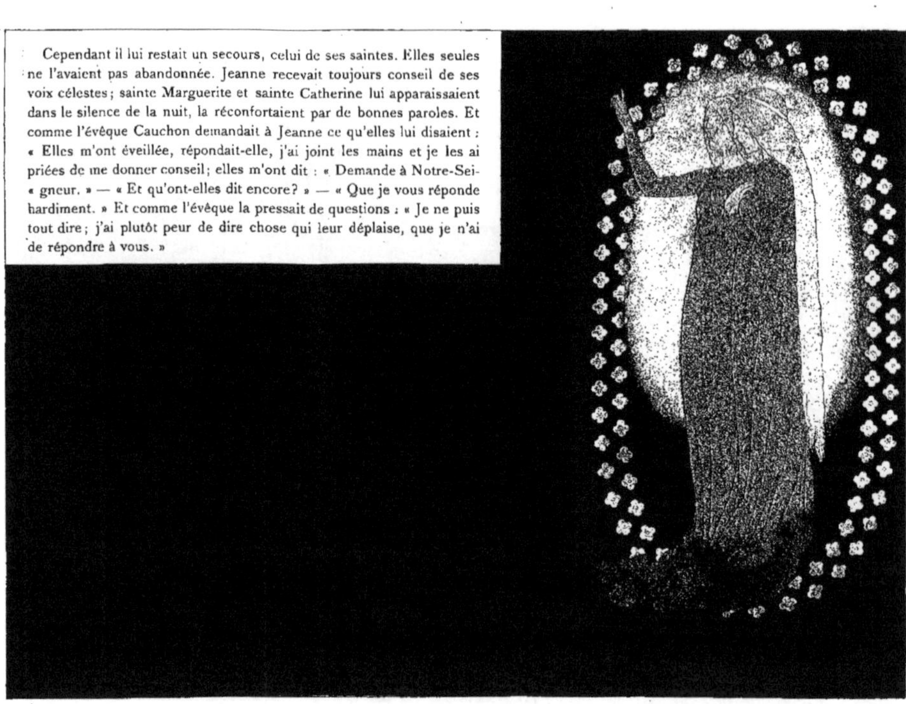

6

Un jour, Stafford et Warwick vinrent la voir avec Jean de Luxembourg. Et comme celui-ci, en raillant, lui disait qu'il venait la racheter si elle promettait de ne plus s'armer contre l'Angleterre : « En nom Dieu, répondit-elle, vous vous moquez de moi, car je sais bien que vous n'en avez ni le vouloir, ni le pouvoir; je sais bien que les Anglais me feront mourir, croyant, après ma mort, gagner le royaume de France; mais quand ils seraient cent mille de plus, ils n'auront pas le royaume. » Furieux, le comte de Stafford se jeta sur elle. Il l'aurait tuée sans l'intervention des assistants.

Jeanne, traitée en hérétique, était privée des secours de la religion. Les sacrements lui étaient interdits. Revenant de l'interrogatoire et passant avec son escorte devant une chapelle dont la porte était fermée, elle demanda au moine qui l'accompagnait si le corps de Jésus-Christ était là, le requérant qu'il lui fût permis de s'agenouiller un instant devant la porte pour prier. Ce qu'elle fit. Or, Cauchon, l'ayant su, menaça le moine des châtiments les plus rigoureux si pareille chose se renouvelait.

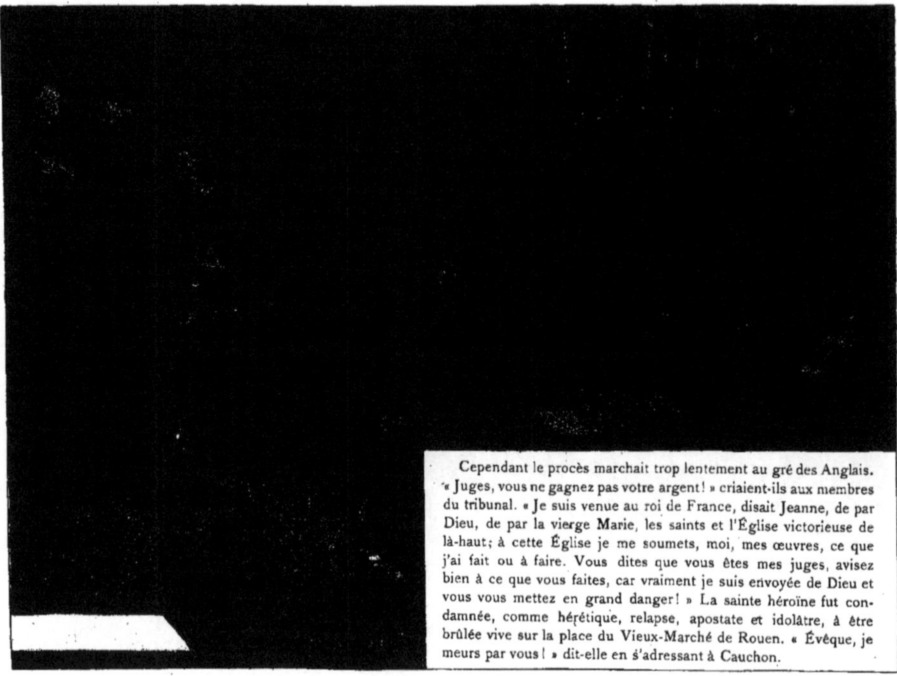

Cependant le procès marchait trop lentement au gré des Anglais. « Juges, vous ne gagnez pas votre argent! » criaient-ils aux membres du tribunal. « Je suis venue au roi de France, disait Jeanne, de par Dieu, de par la vierge Marie, les saints et l'Église victorieuse de là-haut; à cette Église je me soumets, moi, mes œuvres, ce que j'ai fait ou à faire. Vous dites que vous êtes mes juges, avisez bien à ce que vous faites, car vraiment je suis envoyée de Dieu et vous vous mettez en grand danger! » La sainte héroïne fut condamnée, comme hérétique, relapse, apostate et idolâtre, à être brûlée vive sur la place du Vieux-Marché de Rouen. « Évêque, je meurs par vous! » dit-elle en s'adressant à Cauchon.

Le 30 mai, Jeanne se confessa et reçut la communion. Puis elle fut conduite au lieu du supplice. Lorsqu'elle fut au pied de l'échafaud, elle s'agenouilla, invoquant Dieu, la Vierge et les Saints; puis, se tournant vers l'évêque, vers les juges, vers ses ennemis, elle les pria dévotement de faire dire des messes pour son âme. Elle monta sur le bûcher, demanda une croix et mourut dans les flammes en prononçant le nom de Jésus. Tous pleuraient, les bourreaux eux-mêmes et les juges. « Nous sommes perdus, nous avons brûlé une sainte! » s'écriaient les Anglais en se sauvant.

Imp. Kapp-Paris

www.ingramcontent.com/pod-product-compliance
Ingram Content Group UK Ltd.
Pitfield, Milton Keynes, MK11 3LW, UK
UKHW022144170726
13837UKWH00004B/1771

9 782329 197852